자생으로 피어난 야화(野花)

茂松 유근수 시집

홍 익 출 판 사

서문

음객이 되자고 꿈꾸어 본 적은 없다만
글은 습관적 나의 취미였었다.

지금 문단의 길을 걷고 있지만
뒤를 돌아보니 인생이 걸어온 발자국 희미하다.
하지만 문단의 길은 한자 밖에 안 되는 가슴으론 어려운 길,

그보다 아직 할 일이 많고 이루고 싶은 것도 있는데
지금까지 걸어온 만큼 세월이 남았으면 좋으련만!

야속한 저 강물을 막을 수만 있다면!
멈추게 할 수만 있다면!
흐르는 강물을 막을 수 없고 멈추게 할 수도 없기에
큰 바다에 가서 그 강물을 기다려 무수한 진리를
깨닫고자 한다.

지천명이 지나 이순의 길목에서 내가 걸어온 애환을
뒤돌아본다.
누군가가 걸어갔던 그 길 나도 그 길을 걸어왔다.
아무리 가파른 길이라도 나 이전에 남이 걸어갔던
길이기에
아무런 불평 없이 묵묵히 걸어왔다.

어떤 힘든 일이라도 굳은 신념은 이루어진다는 확신을
늘 가슴에 담아 그 위안으로 오늘을 참되게 살 수
있었다.
한발 한발 처음에 걸어왔던 그 길 한평생 걸어도 다 걷지
못할 길
양심은 가슴에 묻고 마음은 비우고 세상사 감수하고 남을
탓하지 않고

늘 나 자신을 꾸짖어 왔듯이

산 너머 바다는 있어도 꿈 너머 꿈은 없다.
지나친 야망은 구멍 난 주머니에 버리고

고생도 열정이 있고 힘이 있을 때 하자
고생은 나의 발전이요 용기는 나의 재산이란 말이
헛되이지 않게 숙명을 곱게 받아
오늘을 배우고 반성하며 후회 없는 삶을 살아왔다.

그리하여 오늘도 내일의 희망을 가슴에 안고 웃으며 걷고
있다.
바람이 멀다 멈춘 그곳이 묘일지라도.

차례

제1부 자생으로 피어난 야화(野花)

제2부 인생은 희비애락

제3부 가을은 시가(詩歌)의 계절

제4부 가슴에 머무는 연가

제5부 가슴에 잠든 망향

제6부 동시

제7부 봄의 속삭임

제8부 내 삶이 머무는 집

제1부

자생으로 피어난 야화(野花)

자생으로 피어난 야화(野花)

일엽편주 아래 떠있는 조각구름
빈 가슴속에 하나만 담았으면 좋으리

두레박으로 퍼 올릴 수만 있다면
조막손이 피멍이 들어도 좋으리

치솟는 바람에 산산이 부서지기 전에
일진흑운에 흔적 없이 산화하기 전에

빈 마음속에 고이 담아
내 안에 간절한 소망으로 심고 싶은데

속절없이 다가오는
석양빛 그리움은 오색으로 물이 들고

추화(秋花)도 사방사처(四方四處)
각양각색(各樣各色)으로 피어나는데

자생으로 피어난 야화(野花)는
노을빛에 드리워진 그림자처럼
어찌, 향기도 색깔도 이름도 없는가?

제2부

인생은 희비애락

당신과 나

내 안에
떨어진 한 알의 씨앗은
삶의 희비애락이었습니다

언제나 푸르려니
세월의 끈에 매달려 왔는데
성년부중래인 줄을 몰랐습니다

회색 머릿결
삭풍에 빗어 넘기면서도
유수와 같이 흘러온 세월
깨닫지 못하고 살아왔습니다

어쩌다 그 시절 되돌아보지만,
곱던 당신 얼굴 바라보니
너무도 많은 세월 흘러 왔네요

이파리 두 잎 대롱대롱
안쓰럽고 애쓰는 몸부림
당신과 나 원앙지정이 아닐까?

고요한 미소

웃고 있어도
촉촉이 젖는
눈망울이 아름답다

울고 있어도
생글거리는
미소가 아름답다

아내의 모습에서
매혹적인 웃음만
살짝 걷어내어

화분에 심을 수 있다면
그 얼마나
황홀한 아름다움일까!

빈 그릇

빈 그릇에다
물을 담았다
물그릇이 되었다

빈 그릇에다
쓰레기를 담았다
쓰레기통이 되었다

빈 그릇에다
꽃을 심었다
예쁜 화분이 되었다

빈 그릇은
담기에 따라
이름이 달라지듯

우리 빈 마음엔
무엇을 담으면
가장 아름다울까.

인생은 미완성

자신의
인생길은
개척하기 나름이다

생각이
올바르면
실천하기 수월해진다

요령껏 살되
잔머리 굴리면
도처낭패(到處狼狽)한다

긍정적으로
세상을 열면
바른길이 보이고

인생도
기교가 있어야
남보다 앞선다지만

이래도 저래도
경화수월(鏡花水月)
인생은 미완성이다.

인내심(忍耐心)

산은 인내의 실험 터,
고산(高山)을 오를 때는
정상을 의식하지 마라

두 눈은 앞길의 진로만 보라
한발 한발 옮기다 보면
목표에 도달하게 되느니

고통은 잊고 정신은 강인하게,
헤쳐 가는 길에 쉼표는 있어도
포기란 있을 수 없다

낙심 말고 가자
고생은 나의 발전이며
용기는 나의 재산이다

아무리 오르기 힘든
험한 산길도 더러는
내리막길도 있는 법이다.

주점에 거꾸로 걸린 쭈그렁 주전자

세상만사 살다 보면
담을 거보다 버릴 게 많다는데
속 비우고 엎어져 있으니 참 좋다

닫혔다 열렸다 할 일 없고
이리저리 돌리고 돌리울 일 없고
더 이상 쭈그러질 일 없고
출렁출렁 쏟아질 일 없고

가득 담아놓고 속 끓일 일 없고
그냥 마음 비우고 엎어져
거꾸로 매달려 있는 것이 좋다

사랑이 떠나가 비워진 주전자
차일대로 차여서 쭈그러진 주전자
모양새는 볼썽사나워도
집적거리는 사람 없어 좋다

탁주 사발은 이미 잠이 들고
세상을 거꾸로 보니 참 좋구나
세상사 그렇게 살아가는 것이
인생에 맛이라는 것을 이젠 알았다.

마음에 심도

비는 오도라 했는데
먹어도 먹어도
취하지 않고

온몸으로 맞고 마셔도
취하지 않네요
이유가 뭘까?

저 하늘에 별에게
물어볼까?

정처 없이 흐르는
구름에게 물어볼까?

남녘에서 불어오는
소슬바람에게 물어볼까?

물어볼 곳 없어
술에게 물어보니

비는
감상(感傷)에 도수
심정에 도수라 하네

많이 마시면
마음이 취한다 하네.

전(錢)이란

때 묻은
찢어진 종잇조각에
울고 웃는 인생이 있다!

개도 안 물어가는
한낱 종잇조각에

때로는 목숨을 걸고
때로는 양심을 버리고
때로는 천륜을 끊는다

전(錢)이란
가치관(價値觀)이 있고
육하원칙(六何原則)이 있다

내가 무얼 해서
얼마를 벌어서
어디에 무엇을 위해
어떻게 왜 썼느냐가 중요하다

마음먹은 대로 안 되는 것이
묘한 종이의 농간일지언정

병균 투성이 종잇조각은
내 것도 내 것이 아니고
네 것도 네 것이 아닌 것이다.

이제야 알았습니다

빗물인 줄
알았습니다
음미하니
눈물이었습니다

빗물인 줄
알았습니다
접해보니
도수가 있습니다

한 잔을 마셨을 땐
동그랗게 보였습니다

두 잔을 마셨을 땐
세모로 보였습니다

석 잔을 마셨을 땐
네모로 보였습니다

비에 취하다 보니
알게 되었습니다

비에 도수는,
감상의 도수란 것을,

숙성이
덜된 내 안에 심정이

성숙기란 것을
이제야 깨달았습니다.

미련

미련은
빗방울이 얼굴에 떨어져
가슴으로 흘러 멈춘 응어리,
담석 같은 것이랍니다

사랑이 떠날 땐
눈물의 근원(根源)은
그대로 남겨두고
유유히 사라집니다

냉정히 흘러간
그 빗물은, 영원히
가라앉지 않고 증발하여
다시 얼굴에 떨어질 땐

응고된 추억을
깊은 가슴에서 꺼내어
혼자 가슴앓이 하는 것이
미련(未練)이라 하겠습니다.

인생 길

지금,
걷고 있는 길이
힘들다 푸념한들
누군가가 지나갔던
그 길입니다

아무도
걷지 않아
가시덤불 무성한
그런 길은 없습니다

오늘도
거칠은 인생의 길을
걷고 있는 사람들
희망찬
꿈을 안고 걷습니다

산 너머 바다는 있어도
꿈 너머 꿈은 없습니다

지나친 야망은
구멍 난 주머니에 버리고

한발 한발
처음에 걸어왔던 그 길
한평생
걸어도 다 걷지 못할 길

잠시의 고난,
미궁에 빠지지 말고
신념을 가슴에 묻고
인생고초는 누구나 겪는 것,

힘차게 끌면 밀어줍니다
마음으로 미는 수레가
고개를 넘어갈 수 있습니다.

눈요기성 인내력

인간의 인내력은
눈요기만 함으로도
저절로 강해질 수도 있다

깊은 물 속에
명약(名藥)이 있다면
사경도 감수할 마음이 생기듯

저 구름 아래
노다지가 있다면 험한 산길도
백절불굴(百折不屈)할 것이야

자신이
욕망을 지배하면
성취동기로 강인성이 생긴다

어제 본 음경 바위가
소원을 들어준다 하면
더 갈망의 욕구가 생길 것이고

인간에 인내는
눈요기성 자극만 주어도
인내력은 당연히 강해지는 것이다.

내안의 신호등

내 마음속에도
신호등 하나 있었으면 좋겠다

무작정 달려가다 후회하지 않게
너무 멀리 온 후에 상처입지 않게

파란불이 켜지면 걷고
노란불이 켜지면 마음 추스려

담담하게
빨간불을 기다려보는 내 안에 침잠,

신호등 하나
내 마음속에도 있었으면 좋겠다

파랗고 노랗고 빨갛게 수놓을
깜박거리는 예쁜 색깔 등 하나

늘 신호 위반인 내 마음
나를 인도 하는 신호등
내 가슴 속에 있었으면 좋겠다.

묘약(妙藥)

이제야
비로소 알 것 같습니다

한낱 물,
묘한 것이라는 것을,

때로는
행복 넘치는 환희를

때로는
차가운 가슴에 훈기를

때로는
용기와 두툼한 배짱을

때로는
지친 육신에 활기를

때로는
그리운 망향을 그리며

때로는
옛 사랑의 추억을 부른다

이제야
그것에 의미를 깨달았습니다

희비애락(喜悲哀樂)엔
한 잔의 술이, 묘한 약이란 것을!

성공의 길

성공하려면
마음만 가지곤 안 된다
강인한 정신력이 있어야 한다
눈물 젖은 빵에 진미를 아는 사람은
게으름이 없고 의지력이 강하다

성공하려면
남보다 더 노력
주어진 일에 사명의식
그리고
개척자 정신이 있어야 한다
남만큼 노력하면 남만큼 밖에 안 되니
젊음이 있을 때 뛰어야 한다

고생은 나의 발전이며
용기는 나의 재산이다
골백번 강조해도 부족함이 없는 말이다

남보다,
사명의식,
개척자 정신,
마음에 담고 실천하면 성공할 수 있다.

친구

내가
웃고 있는 것은
내 마음 즐거워서
웃는 것이 아닙니다

친구가
앞에서 웃고 있어서
행복해 하고 있는 것입니다

내가 먼저 웃어야
거울이 따라 웃듯이

관심 어린 우정으로
친구를 바라보면
천 년 세월이 가고,

가까이 있다 하여, 무관심이면
천 리 먼 길이 될 수도 있습니다

친구도 부부와 같이 촌수가 없음을,
돌아서면 남이란 걸 너나 나나 명심하고

한발 두발 손에 손 잡고
징검다리 건널 때, 정이 쌓이듯

언제나 진실한 마음에 향내로
맑은 물을 퐁퐁 솟아내면
어미 찾는 목마른 사슴 되어
한발씩, 한발씩 다가온다네!

길 동무

정이란
무엇인고 허니
가슴에서 우려낸
약수 같은 거라오

인생이란
이 한평생
순리대로 살다가는
유수(流水)와 같은 게요

운무 속
걷다 보면
밝은 햇살 비출 테니
가던 길 묵묵히 가시게나.

욕심은 버리고
은혜는 잊지 말고
우정은 변치 말고
신세 진 건 가슴에 묻고,

여보게,
이놈이 한 말
지나가는 말로
듣지는 말아 주시게나.

삼사일언

말!
말은 인격인 줄 알면서도
너무 무심코 말하는 듯하다

잘못 쏜 화살이
그대 가슴에 꽂혔다면
용서를 빌고 세월이 가면 아물지만

함부로 내뱉은 말은
세월이 가도 지워지지 않고
가슴 속에 상처로 남는다

삼사일언(三思一言)을
생각하며 말을 하자
세 번을 생각하고 한 번 말하자

나나 너나 할 것 없이
한평생 살면서 자신도 모르게
상처 준 적이 있을 듯싶다

살아 움직이는 동물
그림자 따르듯이
한평생 살다 보면 죄 없다 할 수는 없으리

오늘을 배우고 반성해서
욕되지 않은 사람으로 삶을 살아가자
바람이 밀다 멈춘 그곳이 묘일지라도.

시인의 애환

무심히
흐르는 저 강물은
세월의 끈을 잡고 흐르네

심감(心感)은
비통한 쓴웃음
가슴 가득 차오르고

한적히
흐르는 흰 조각구름
내 머릿결에 잠이 들고

정(定)이란
생득정과 수득정
두 가지가 있다는데

선천적 지닌 마음 없고
수행해서 얻은 마음 없고
부객(浮客)으로 한 평생
시 한 수 읊조리며 흘러 왔노라.

회비(悔非)

세월이 이 몸을 두고 간들
바람이 미는데 흐르던 구름이 멈출 소냐

누구나 한번 왔다 가는 세상
시계 초침처럼 바삐는 걸었지만

마음을 비울 줄 모르고 흘러온 세월
초년(初年)의 까만 머리칼,

흰 치마폭이 되도록 살아온 가슴 헤쳐 보니
딱딱한 옹이 서너 개 박혀 있네

열 발짝 앞도 보지 못한 어리석음
베푸는 것도 때가 있다는 걸 몰랐다

친구간의 우애롭지 못한 미안함
자식들에게 무관심한 때늦은 후회(後悔)

세상물정(世上物情) 어두워 지은 죄
여정(餘酲)의 삶, 각생(覺生)의 삶으로
남은 생애, 우산은 접고 비를 맞으며 가련다.

실직자의 탄식

낚싯바늘
담가놓고
세월아~ 네 월아~
물에 비친 내 모습
처량도 하다

첫 번째
잡힌 놈, 회 떠 먹고
두 번째
잡힌 놈, 매운탕에 소주라

공치면 어쩌나!

자식 얼굴 떠올리면
마누라 볼 면목 없고
아!
왕년에 내가 누구였는데,

운무는 황혼에 물들고
기약도 없는 내일을
맥없이 바라만 보노라.

고위박절

가시나무에 콩이 나랴
싸리나무에 팥이 나랴

부엉이가 왜 울었더냐
뻐꾸기는 왜 울었더냐

어둑새벽
헛헛증에 수곡도가 울고

타는 순문(脣吻) 달래보니
빈 숟가락도 지쳐 울었다

고위박절(孤危迫切),
흐르다 말라버린 핏대 줄

말로 끝난 경세제민(經世濟民)
설한에 동공은 경직(硬直)되고

태워도 재도 없을 범민의 몸!
포도청에 지망(蜘網) 칠 수 없어

구부러진 허리 리어카에 의지하며
오늘도 폐지 주우러 새벽을 연다.

삶

태산이라 한들
절벽이라 한들,

인고의 삶
가던 길 포기할쏘냐

인생의 길 얕잡아
단걸음에 갈 수 있을쏘냐

인생의 길은
한 걸음, 한 걸음, 한 걸음씩,

인내를 가슴에 묻고
꾸준히 가는 것이다

인생의 길은
여행의 길이 아니다

순리를 벗어나면
인생의 문은 열 수가 없다

인생의 길은 결코
순탄하지만은 않기에

처음 걸음마 배울 때처럼
한 발짝, 한 발짝, 한 발짝씩,

두 발로 안 되면 네 발로
그렇게 가는 것이다

인생의 길은
높은 산도 아니요

인생의 길은
깊은 바다도 아니요

인생의 길은
뼈를 깎는 고행의 길이다.

숙명(宿命)

사람은 저마다
숙명이 있다

살아 숨 쉬는 동물은
그림자가 따른다

밟히지 않으려면
서 있으면 아니 된다

내 등에
짐을 내려놓으려면

평생을 반복되는
굴레를 돌아야 한다

사명을 다 한자만이
내 등에 짐을 내려놓을 수 있다

이 세상 속에 있을 때
무슨 둥우리든 만들어야 한다

시간을 질질 끌면
기회마저도 사라진다

서산에 지는 해
지고 싶어 지는 것이 아니다

운명의 임무를 완수했기에
에너지 충전하러 가는 것이다

활활 타오르는 불기둥
아침마다 보지 않는가!

삶의 인생관

인생은
어느 쪽으로도
치우치지 않으면
바른길이 보입니다

선행 바르고
예의 바르고
존경받는 사람만이
바른길이 보입니다

늡늡한
마음가짐으로
세상을 보면 행복의
바른길이 보입니다

행선지는
알 거 없고
열심히 걷다 보면
바른길이 보입니다

참되게 살면서
생애 겪고 보면
먼발치에
바른길이 보입니다.

제3부

가을은 시가(詩歌)의 계절

가을비 우산속

얼굴이 젖을까봐
쓴 것이 아닙니다
수줍어 부끄러워
얼굴을 가린 거랍니다

가을비 내리는 날이면
내 마음은 부풉니다
보고 싶은 사람
마주 보기 부끄러워

길 건너편
우산 속에서
살며시 눈 흘겨
훔쳐봅니다.

낙엽

마른 잎이 떨어지네요
한잎 두잎 떨어지는
낙엽이 애처로워 보여요

화려했던 잎사귀
바닥에 뒹굴고
앙상하게 남은 가지가
마음을 서럽게 하네요

벌거벗은 가지에
눈이라도 내리면
아마도
조금은
포근하겠지요.

홍시

사랑이란
달콤하고
짜릿하고
고귀하고 아름다운 것

하지만
사랑이란
호떡 같은 것

달고
뜨겁고
설탕물 가득해 맛있지만
잘못 먹으면
입술 데이니까

숭고함을 느낄수록
상대를 신뢰하고
희생하는 것이 사랑

하지만
여자란 감나무 집 딸
달콤하고
맛있고
부드럽지만
말랑말랑 한 것이
탈!

잘못 건들면
터지니까.

가을하늘

가을은 사계의 계절 깊은 명상 넋을 잃고

을숙도, 갈대 숲, 북서풍에 한들거리는데

하늘은 높푸르나, 소쩍새 울음, 처량토다

늘 넘던 고개 뜬구름, 석양빛에 물이 들고

시조 읊는 음객 소리에 가을비 슬피 우니

조석으로 불던 추풍, 낙엽 질까 숨죽인다!

지천명

세월의 노목은 흘러서 어디로 가나?
세월의 씨앗은 앙금 되어 가슴에 남고
세월의 잎새는 승천입지(昇天入地) 한다

세월은 주인 없는 황포돛배
세월이 밀다 멈춘 화조풍월이
세월이 만든 만년유택 이려오
세월이 가는 길엔 이정표 없고
세월에 정착지는 알 수 없어라
세월에 비친 굴게 패인 주름만이
세월이 흐른 흔적을 말해줄 뿐

황혼을 불러 무운시(無韻詩) 읊어도
찢기고 젖고 그을린 민초(民草)의 상,
유랑자 가슴에 부서지는 월광(月光)

세월 무상의 지팡이, 지렛대 삼아 서고
한 방울씩 떨어뜨린 물방울, 바위 뚫듯
낙숫물은 인생의 심상(心象)이란 걸
지천명이 되어서야 비로소 깨달았네

흐르는 물은 가득하지 않다는 것도
강렬한 불도 늘 타는 것이 아니란 것을!

일편고월

얼마나 더 아파야
빠알간 애련을
가슴에 담을 수 있나?

계추(季秋)에 뜬
일편고월(一片孤月)
비련에 심상을 물들이고

무수히
떨어지는 마른 잎은
비운의 섭리를 일깨운다

석양빛 드리운
먼 지평선을 바라보니
가슴은 이미 붉게 타고,

썰물 따라 가버린
물보라 하얀 미소는
언제쯤 밀물이 되려나?

동그라미

그날 구슬프게 울어대던
매미 소리 가는 계절 달래고
쓸쓸히 홀로선 그 나릿가
얄궂은 바람 비구름 몰고 와
또득 또닥 옷깃을 때린다

나릿가 빗줄긴 온몸을 던져
크고 작은 동그라미 그리며
동그랗게 동그랗게 흩어져
나릿물 위에 수를 놓아
가슴으로 번진 비애를 음미한다

어느덧 추우는 시린 가슴 타고
허리춤 훌라후프 흥건히 적시고
청솔가지에 앉은 산 까치
새끼 울음소리, 환청에 슬피 우니
배고파 울던 새 나릿가를 바라본다

아마 지난여름 폭풍우로
새끼와 둥지 떠내려 보낸
그 자리에 회귀성 보고픔이
동그라미 그리는 눈물방울
낙수 되어 떨어지는 소리에

숨어서 보던 콩 새
찌르레기도 동그라미 그리니
귀뚜라미 덩달아 서글피 운다
가을비 곡을 하니 숨죽이던 종다리
흐르는 눈물 가슴으로 닦는다.

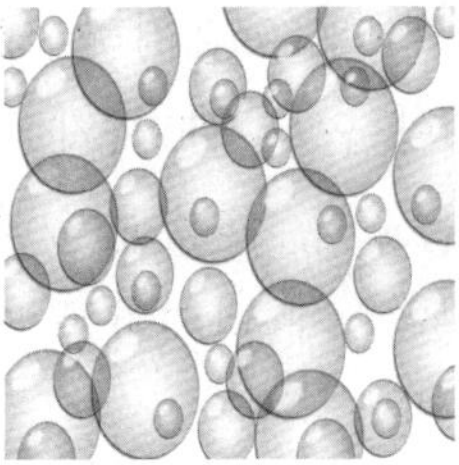

가을 타는 남자

추우(秋雨)야 울지마라
옛 기억이 되살아나 살집을 뜯는다

북서풍
갈바람에 억새마저 슬피 울어 대면

남자의 빠알간 가슴은 숯이 되는데
푸르렀던 잎은 어찌, 붉게 타는가?

창 넘어 날려온 낙엽과의 독백
가을을 탓하는 건 나약한 심상
잡념을 버리면 환상의 계절인데

고독한 심감(心感)을
한 잔술로 달래려니
술잔에 앉은 낙엽 한 닢
볼그레 취한 채 내 안에 잠이 든다.

고 독(孤獨)

그리워
그리워해도 되나요?

보고 싶어
보고 싶어 해도 되나요?

창가에
비친 그대 모습
야윈 가슴을 파고듭니다

허전함 속으로
낙엽이 내려앉아
차곡차곡 쌓이는 그리움,

문밖 인기척 소리에
부리나케 나가 보니
아무도 없습니다

누군가, 누군가가
한참을 망설였나 봅니다
문고리가 따듯하군요.

희망

통-통-통---
저 통통배 소리는
너무도 평화스럽다

저기 저 통통배
어디로 가는 것일까

무슨 꿈을
실러 가는 것일까

무슨 꿈을 싣고
오는 것일까!

아마도, 어부의 꿈은
만선일 거야

그러나!
29세 노총각
젊은 어부의 꿈은

제발
제발 오늘만은
인어공주 낚였으면!

고디 할머니의 애환

무심히
흐르는 저 금호강물은
세월의 끈을 잡고 흐르네!

심감(心感)은
비통한 쓴웃음
가슴 가득 차오르고

한적히
흐르는 흰 조각구름
할머니 머릿결에 잠이 들고

정(定)이란
생득정과 수득정
두 가지가 있다는데

선천적, 지닌 마음 없고
수행해서 얻은 마음 없다만
금호강변 고디 할머니 포장마차,

한평생
고디 할머니로 불리어 살아온
인고의 세월여류(歲月如流)

동촌 구름다리, 금호강 물결은
세월에 패인 주름을 말해주고

금호강 비추는 휘영청 밝은 달은
고디 할머니의 애환을 달래주네.

붉은 노을

붉다고 붉은색이냐 부르다 지쳐 가슴 타면 붉은색이지

은은히 들려오는 파도소리, 계추(季秋)에 뜬 일편고월

잊을까 지울까 애를 써도 가슴 한켠 새어드는 찬 바람

마지막 잎새 바동바동 애쓰는 몸부림 바람은 모르리라.

천혜의 오륙도

푸른 바다 물길에, 오륙섬을 밟아 보니

급물살 침식 흔적, 해식동이 숨 쉬누나

오뚝선 요염한 자태, 신비스런 바위섬,

밀물에, 넌지시 물어보니, 오도라는데

썰물에 또 보잔 인삿말엔 육도라 하네

숭고한 오륙도, 돌아보니 천혜의 비경

솔섬도 방패섬도, 한서 해식 영원불멸,

운무에 운치 은빛 물위에 소박한 돌섬

음객들은 읊조린다, 오륙도의 숨결을!

초로기

청록색의 은행잎
계절의 떠밀림에
안간힘을 쓰누나

갈바람 싸늘함에
본색 허물어지고
추풍낙엽 꼴이라

힘에 겨운 고뇌의
고통이 있었기에
결실의 알갱이들

한 알 한 알
한로의 바람결에
뚝 뚝 떨어지고

소연한 초로인생
초로기의 낙조가
인생무상이어라.

무상(無常)

가을 빗줄기
상처의 눈물일지라도,
추풍에 낙엽 찢기는 이 아픔에 비할까

왜바람에 문풍지 소리 음산해도
야밤삼경 추풍에 울어대는 억새,
구슬픈 이 소리에 비할까

낙엽 따라 가버린 여심
인생무상 한탄일지라도
애끓는 이 마음에 비할까

생에 무관한 바람은 앞에 서고
덧없는 세월은 뒤에 섰으면
이 가을 지천명에 세속을 마신다.

파리채

파리는
파리채만 들면 사라진다

어디로 숨었는지
숨기도 잘 숨는다

구겨진 담배곽 속에 숨었나
쓰러진 술병 밑에 숨었나

귀찮은 벌레 파리는
숨바꼭질에는 명수다

파리는
파리채만 들면 사라지듯

상처로 얼룩진 지난 기억
가을비 내리는 날이면
창에 어른 어른거리는데

파리채 들면
뇌리 속에서 사라졌으면 좋겠다
밀어내려니 가슴이 파랗게 저려온다.

나의 노래

아무 기척 없는 단풍 길
아픔의 잔해가 밟힙니다
바스락거리는 소리는요,
낙엽 부서지는 소리는요,

가냘픈 여인네
붉은 피 쏟아낸 아픔입니다.
가을을 사랑하자던 미덕은
간살부린 겉마음이었어요

추풍에 나부끼는 서글픔,
낙조를 바라보는 초로의 여인은,
지난날 아픈 추억의 길,
걷다 보니 저절로 만나게 되었네요

한때는 행복했던 이 길이
지금은 허무하기만 한데
상처로 얼룩진 이 길 말고는
가을을 지나는 다른 길 없나요?

상념을 노래하는 여인네
망각 속에 잠자던 나의 노래
생채기 흔적이 아파져 옵니다
가을엔 오랜 잠을 자야겠어요.

가을 여자

가을은
천고여비(天高女肥)
동경의 계절이라는데

낙엽송 이파리
북서풍에 흩날리고
억새 구슬프게 울어 대면

가엾은 가을 여자
가랑잎에 널브러져
환영(幻影)을 애타게 부여잡습니다

천고만난(千苦萬難)에도
꺾기지 않은 갈대
한낱 가을비에 녹아내립니다

옛 사랑이
흘리게 한 눈물자국
아직도 마르지 않았나 봅니다.

재혼(再婚)

추풍에
떨어지는
마른 잎은
여인의 살집입니다

한로의
이슬방울
낙엽 위에 앉은 건
여인의 눈물입니다

노을에
검붉은
석양빛은
여인의 비련을 물들이고

비운의 엽경(葉莖)은
땅에 잠들어 흙이 되어야
날아온 한 알의 씨앗이
뿌리를 내릴 것 같습니다.

추 행(醜行)

꽃잎에 맺힌 이슬이
영롱하고 아름다워

물방울
손안에 담으려다
가지가 꺾어졌다네

상처의 아픔에
목 놓아 우는데
취중에, 실수라 하네!

변명하는 넋두리
어이없어 쓴웃음 짓는데!
다시 피우면 흔적 없다 하네!

허 허!

귀신 씻나락 까먹는 소리,

제비 다리 분질러서
접착제 칠하면 멀쩡한 다리 될까?

그대 향한 마음

그대의 마음이 즐거울 때나

그대의 마음이 괴로울 때나

그대의 마음이 그리울 때나

그대의 마음이 보고플 때나,

그대 발길이, 나를 원하신다면

그때 밟아 가신 길 되밟아 오세요

그대 향한 그리움 가득 안은 채로

그때 그 자리 나무가 되어 있습니다.

추억의 그 공원

우수수 낙엽 지는 공원
바바리코트의 노신사
아련한 옛 추억을 더듬는다

중절모 눌러쓴 채
먼 허공을 응시하지만
눈가에는 눈물이 가득 하구나

한사코 울어본들
소리쳐 불러본들
가버린 여심은 대답이 없구나

노란 스카프에 해맑은 미소
옛 여인의 흔적 매만져 보지만
볼멘소리는 빗소리에 묻히고

감국 향기 그윽한 여인의 향취
잊지 못해 찾아온 그 날 그 자리
쓸어안은 낙엽송, 미어지는 가슴

남몰래 찾아온 낙엽 지는 공원
돌아서는 발등 위에 쏟아지는 눈물
얄궂은 비가 아린 상처를 달래주네.

관동팔경

간성의
청간정에서 바라보는
물결은 은빛 찬란하구나!

화진포 모래 위를
넘실대는 표백된 포말은
시리도록 눈이 부시고

아주까리동백
파도 타고 들려오는
관동팔경 관동별곡이여

지망(蜘網)같이
어우러진 명경지수
시중대의 신비로움이여

매료된 정취에
잠시 머물다 갈 길손 발걸음
갈 길 잊고 명상에 젖어 있노라.

상제의 화원 한계령 길

1004 미터
한계령 길
마디 마디
첩첩 골골, 장엄한 산자락
봄 길 나그네 갈 길 멈추네

수억 년
영롱하고 신비로움
천상 상제의 화원이던가
긴긴 햇길 나그네, 화폭에 넋을 잃었네

오색 단풍 절경에
절로 취해
혼몽 지경,
가을 나그네, 마취된 발걸음 굳어 버렸네

미려한 곡선의 부드러운
한계령 길
휘 굽어 돌 때마다
흰 안갯속, 오색 무지개, 구름다리

겨울 나그네
온통 설악에 혼(魂) 빼앗겨
비몽사몽이라,

백설은 하염없이 내려앉아
정처 없는 나그네 발자국,
깊어만 가네!

사라진 숭례문

숭늉 달래 안주니
국보 1호 불 지펴
소방수로 물 끓이네

오호통재,
자숙하라
국민 가슴 허망 토다

문지기 없다 한들
하찮은 감정
어이 역사에 불질이요

은빛 찬란한
야경의 숭례문은,
모진 난항을 견뎠잖소

숭고한
600년의 역사
만천하가 알고 있을 터,

대문이라고
여닫는 문 취급 마오
나라의 얼굴입니다

아!

단 한 사람이
허물었구나!
수만 명이 지은 역사

멀쩡한 하늘
깨 물으니
하늘이 각혈을 하는구나.

번민(煩悶)

나무야
앙상한 가지가
애처로워 보이누나
세상 모진 설움 힘겨워
발가벗은 것처럼
마음이 아프구나

나무야
너는 헐벗었어도
다시 소생할 수 있는
소생기(蘇生期)가 있지만

하늘보고 울어도
고난의 역경 달래줄
따스함은 우리에겐 없구나
우리에게도 희망이 있다면
기다림이나 있으련만

길고 질긴
억겁 세월
모진 바람
어떻게 버티나
내일이 어찌 될지
나도 모르는데,

나무야
우린, 언제쯤
모진 풍파 헤쳐 나와
나비 되어 훨훨 날 수 있나

우린,
언제쯤 풀씨라도 되어
잎을 피울 수 있나?

가슴 아파 흘린 눈물
세월이 닦아주련 가
긴 한숨 안고
그 날을 기다릴 수밖에.

실직자의 노래

세상을 원망하랴
하늘을 개탄하랴
곱디고운 봄인데 왜 이리 추운가?

거거년
당당했던 내 모습 꿈이런가,
지금의
초라한 내 모습도 꿈이런가,

흘러간 세월
소리쳐 불러보니
메아리만 애닳구나

경세제민 말 뿐인가?
운무는 황혼에 물들고
저물어가는 인생고개

한기를 느끼는 주머니 공극
가슴 도려낸 살로 매우노라.

흰 눈

하얀색으로
슬쩍 덮어 놓고
감쪽같다 허허 댄다

햇살에!
탈로 날 거짓부렁
변명은 위선이로다

괘씸타 눈 흘기니
토닥토닥 음흉한 아침
눈 가리고 아웅이구나

바보는 눈이 없나
천치는 귀도 없나
목숨 부지, 입 닫는다.

연민의 노래

코스모스 곱게 핀, 오솔길을 걷노라면

나그네 허전한 빈 가슴 향수에 젖노라

이렇게 고운 길 임과 함께 걸었노라면

스치는 가을 향기, 연민을 노래하리라.

진리

머리 위에는 신비가 있고
발밑에는 진리(眞理)가 있다

길은 걸어가야 길이고
서 있으면 땅바닥일 뿐

개척하면 기름진 땅이 되고
밟고 지나가면 흙일뿐이다.

제4부

가슴에 머무는 연가

미지의 당신

보고 싶습니다
호수에 비친 당신 모습
바라만 보고 있을 뿐입니다

핑크빛 찻잔에
당신 떠올리고
은빛 초롱한 눈망울 적시며

찻잔에 비친 당신 얼굴
두 손으로 감싸쥡니다
식으면 당신 추울까 봐

눈물 한 방울 떨구니
당신 모습 흐트러져
메마른 입김으로 달래봅니다

체념으로 당신 지우려 하니
어느새
가슴이 파랗게 멍이 듭니다

그리움에 목마른 사슴
눈물이 비천이 되어도
당신, 잊을 수 없습니다

당신, 그립습니다
당신, 사랑합니다
당신, 소망합니다

내 모습 기쁨에 미소로
환하게 웃을 수 있게 해주면
당신, 안되나요?

가슴속을 흐르는 비

난, 비 내리는 날이 좋다
그건, 하늘이 우는 것 같아서
난, 비 오는 날이면 선글라스를 쓴다
흐르는 설움을 하늘이 볼까 봐

마음이 괴로울 때면
시린 가슴은 비를 기다린다
아픈 추억은 달래주고
슬픔은 씻어가는 비

속마음을 아는 건 비 뿐이고
슬프게, 괴롭게 하는 것들
차라리
한줄기 비가 되었으면,

비야!
오늘도 내리려무나
네가 이 몸을 흠뻑 적시면
고달픈 나에 육신과 내 마음은
너의 빗물에 녹아내린다.

애상곡(哀傷曲)

관동팔경
청간정에서 바라보는
물결은, 은빛 찬란하구나!

경포대 수평선
표백된 물결은
시리도록 눈이 부시고

경관은 명미로운데
갈매기 울음소리에
가슴 싸아한 전율을 느끼네

포말은 옛 추억이
바위에 부딪혀 부서진
가슴 아린 생채기이어라

불현듯, 잔잔해진
저 바다는 애애(哀哀)를
달래려, 잠든 척 하는구나.

바닷속으로 사라진 영혼

파도여!
임 떠나보낸 새벽 바다
싸아한 바다내음이
코에서, 귀로 눈으로
옛 추억의 환영(幻影)이
일제히 기억의 허물을 벗는다

짝 잃은 갈매기, 울음소리
파도의 울부짖는 소리가
반쪽인 가슴과 부딪쳐 화음을 이룬다

파도여!
밀려갈 땐 굳은 앙금 씻어가고
밀려올 땐 향기 나는 꽃내음이었으면,

목로에 앉아 술 한 잔에 임 떠올리고
한 병술에 안타까운 설움, 바람에 태워 날리네
취기 속에, 가슴 아린 파도의 추억이
보고픔의 갈망을, 짠물에 헹굼질 한다

마음 보듬은 한 줌의 그리움
파도 위에 얹어 놓고
두둥실 춤추는 물결을 바라본다

지평선을 바라보아도 돌아올 수 없는 임,
이제는...
이제는 잊어도 되지 않는가?

신호등 사랑

활짝 피었다지는
꽃잎이기 보다는
계절 내내 성숙해지는
뿌리 같은 사람을 사랑하고 싶다

활활 달아오르는
불덩이는 재도 남을 리 없다
사랑은 실연(失戀)해 보고
아파 봐야 알 수가 있다지만

살을 떼 주어도
아프지 않은 그런 사람을 사랑하고 싶다
투정을 부려도
질리지 않는 그런 사람을 사랑하고 싶다

눈물이 있는 사람,
마음에 등불이 있는 사람과
까만 밤길도 같이 걸어 보고
행복에 겨운 눈물도 흘려 보고 싶다

무작정 달려가고 싶진 않다
노란불이 켜지면 주춤해 보고
빨간불이 켜지면 정지도 해보고
파란 신호등 같은 그런 사랑을 해보고 싶다.

밀물을 기다리는 여심

차가운 밤바다에
홀로 서서 썰물에
쓸려간 추억을 바라본다

표류하는
막막한 돛단배처럼
파도 위에 혼신을 얹어 놓고

한적한
밤 뱃고동소리의 평화로움은
내 안에, 순풍이어라

장산도
임을 기다리는 여인의 갈망
해조음 구슬픈 소린 여전한데

장산도 들노래 애수의 한,
타다 남은 하현도 기우는데
밀물은 언제나 오려는지!

내안에 바램

눈이 와서 좋은 건요
눈을 감지 않아도
슬픔이 보이지 않아서 좋고요

비가 내려서 좋은 건요
눈가에 흐르는 눈물을
감출 수 있어서 좋아요

흰 눈은 그대 모습
마음대로 그릴 수 있는
도화지가 되었으면 좋겠고요

비를 흠뻑 맞으면
그대 마음속에 내 마음이
녹아내렸으면 좋겠어요

눈은 그대의
포근한 품이 되었으면 좋겠고요

비는 서로의 때를 씻어가는
약수가 되었으면 좋겠습니다.

가슴앓이

하현(下弦)은
애심이 타버린
가슴 아린 잔여물이어라

지우지 않으려 애를 써도
기억에서 자꾸만 멀어져
그리운 애상미가 되었네

눈물로 불러서
돌아올 님이라면
손수건이 지치도록 울어보련만

님은 저 멀리 있는데
잡히지 않는 환영(幻影)이
여린 마음을 달래 주네요.

낮에도 뜨는 달

이별이 너무 길어
조각달이 되었네
밤이면 여윈 몸 불태워
님 보고 품에 불 밝히고
낮에는 해님 속에 숨어
님 그리워 노래 부르네!

기다림에 지쳐
타버린 한줌의 재,
평정을 유지하며
님을 기다리기엔,
세월이 너무 길었네!

님은, 나를 잊었나요?
우표 없어 소식 없나요?
길이 끊겨 못 오시나요?

님이여!
가슴 저리게 그리워
간절히 부르고픈 이름이여,
우린 만나야 하는데!

당신 보고파서

당신 보고파서
창문을 열었을
뿐인데
당신의 향내가
가슴 깊이 스며오네요

당신 보고파서
달을 쳐다보았을
뿐인데
눈물이 그렁그렁
볼을 타고 흐르네요

당신 보고파서
커피 마시려 했을
뿐인데
잔속에 당신 모습이
나를 보고 웃고 있네요

당신 보고파 미어진 가슴,
하얗게 부서지는 그리움
여운 보듬은 채 잠들면
장미꽃 가슴에 가득 안고
내 꿈속을 달려오시겠죠?

분별없는 사랑

남자는 잊으려고
술을 마신다

여자는 못 잊어
술을 마신다

사랑에 아픔도 두려움도
애착하는 데서 오는 것이나

남자가 눈을 감고
고개를 숙이는 것은
눈물로 표현을 대신 하려는 것이고

여자가 눈을 크게 뜨고
하늘을 보는 것은
눈물로 표현하고 싶지 않아서이다

사랑은 너무 미워해도 괴롭고
사랑은 너무 좋아해도 괴롭다

서글픔에 얽매이는 것은
분별에서 오는 것이나
사랑은 호된 홍역을 치르고 나야
그제야 그제서야 사랑에 눈을 뜨려나.

홀로 우는 새

펑펑 울어 버리고 싶은 데
못 박힌 가슴은 답답도 한데
어이하여 평정을 유지하는가
아직도 사랑이라는 단어로 누군가를 그리워하는가

가슴 가득 안은 그리운 이름
피 엉겨 붙은 상처는 아직도 아물지 않았고
겉은 그대로 아물어 가지만
아문 자리 속내는 질펀한 고름,
얼마만큼 지나야 흔적 없이 다 나아질까?

눈먼 그리움 허공을 맴돌고
그저, 허허 대며 살아간다
가슴 한켠 헤집어보면
그래도 남아있는 아득한 그리움 하나
이따끔 되살아나 살집을 헤집는다

바람이 실어온 그리움
바람이 거두어 갔으면,
바람아!
창문을 뒤흔드는 너의 여운에 안기어 잠든다.

애상(哀傷)

개여울
맑은 물에
야윈 얼굴
비추어 보았습니다

미지의 님
보고 품에
눈물 젖어
그려보는 그리움이여

안갯속
베일에 가려
불러도, 불러도
허공을 헤매는 메아리

저 하늘에
별님에게
달님에게
님 소식 물어봅니다

님이여
환영에 시달리는 심정
그대는 아시려는지요
님의 향내, 님에 숨소리,
미어지는 가슴에 담아봅니다.

반전(反轉)

미려한 곡선의
고전적인 신비로움
아름다운 고운 자태
온몸에 전류이 흐른다

내 가까이서 속삭이는
그녀에 입김
싱그럽고 아리따운 천상에 모습,
바라보면, 촉촉한 눈동자,
내 마음을 삼킨다

만지면 닳을까
바람 불면 날릴까
황홀함에 도취 되어
살며시 입 맞추니 솜사탕 같아라
가슴깊이 안기니 솜이불 같아라...

아!

잠 깨면 허무함이 만남에 약속인가
누가 볼까 두려워 꿈속에 감춰놓고
허전함 달래려 담배 한대 입에 물며
곤히 잠든 옆지기 얼굴 보니 미안해

아니야
아니야-
연발, 되뇌이면서도,
내 잠속에, 내 꿈속에 사랑을
못내 아쉬워, 긴 한숨 뿜어내며

이슬 젖은 청솔가지에 앉아
종알거리는 새 한 마리
시선 잃은 넋으로
바라본다.

환상(幻想)의 당신

지난밤
포근히 안아주던 님
멍울멍울 어른거려서
비몽사몽 천지를 헤맵니다

돌아오기만 기다린다며
길가 들창문 언제나 열어 놓겠다던 님
가슴을 파고들어 시려 오는 가슴 안고
무지개 길을 따라, 님에게로 갑니다

얼마만큼을 걸었을까
당신도 저편에서 오고 있다면
이쯤에서 만날 수도 있을 텐데
찌르레기 슬피 우는 그 길에
널부러져 쉬어봅니다

가슴을 적시는 갈바람은,
허기진 몸 실어갈 구름은,
가까스로 다다른 낯익은 기억
길가 들창문, 굳게 닫혀 있어서
씁쓸한 발걸음 돌리고 말았네요

초로의 소연한 인생, 찬비가 내립니다
귓불 싸아한 환청, 환영이 밀려옵니다
무정을 외치며 귓전을 때리는 여운은
들창문은, 바람이 닫았다 하네요.

비가 와

비가 와!
메마른
빈 가슴 속으로

비가 와!
그대 모습 비추던
다색 눈동자 속으로

비가 와!
지워야 할
노란 추억 속으로,

내가,
보고픔에 지쳐
죽을 것만 같다면
그대는 올까?

그대 떠난 그날처럼
오늘도 비가 와!

모래탑

청순했던 마음
새끼손가락 꼬아
맹세한 그대와의 사랑이

이다지도
목매이게 애절한
그리움에 상처 될 줄이야

아른거리는 기억
잊으려 지우려 해도
가슴깊이 응고된 눈물

지성으로
오직 그대만을
사모했던 어리석은 참회,

매만져 봅니다
뚜렷한 생채기 흔적,
비 내리던 그 날의 아픔을.

비련(悲戀)

겨울이 오면
비애에 젖은
흰 눈이 내리겠지요

비련의,
애애(哀哀)가
살집 뜯어낸 아린 추억

예고 없이 끝난
그대와의 사랑
한탄에 목이 갈리고

시련기(試鍊期)의
앙금이 작은 가슴에
소리 없이 소복이 쌓입니다.

애심(愛心)

내 품에서
떠난 나비는
훨훨 날아서
어디로 가나!

저 하늘에
햇님에 앉고
저 하늘에
달님에 앉고
저 하늘에
별님에 앉고

사상을 묻혀 날아와
내 가슴에 사뿐히 앉았네

천체를
포근히 가슴에 품으니

영육이 침잠하네
온 세상이 묵상하네

목마른 어둑새벽
첨밀이었네.

이대로 살다 가련다

그대 먼 곳에 있어도
그대 향한 그리움으로
마음 편할 수 있다면
이대로 살다 가련다

한낱 무명인(無名人)
풀숲에 널부러진들
마음 편할 수 있다면
이대로 살다 가련다

조각난 달 한쪽이
멍울진 속내를 비추어
마음 편할 수 있다면
이대로 살다 가련다

부는 바람에 실려
초야에 놓일지라도
마음 편할 수 있다면
이대로 살다 가련다

정처 없는 풍류객
쓰러진 술병 위가
마음 편할 수 있다면
이대로 살다 가련다.

행복한 기다림

행여나
님 오실까
기다림에 긴긴밤

동백꽃
노란 꽃술
하현 빛에 허물어지고

내 그대
보고픔에
타는 가슴 재가 됩니다

사랑은,
이다지도
애끓는 기다림인가요?

뜬 눈으로
엄동설한 긴긴밤,
하얀 창에 그린 얼굴
메마른 입김으로 불어봅니다.

낙조의 그리움

해님 따라 돌던 해바라지
밤이 되면 고개 떨구어
애증을 토해 시름에 젖는다

빈 가슴에 뜬 달은
그리움을 채워 주는데
저 하늘에 뜬 달은 무심도 하지!

하현 빛은 비운을 물들이고
애절한 해바라지, 애면글면은
추풍이 무심히 날려 버립니다

풀숲에 찌르레기
널브러진 모습 애처로워
가슴으로 동그라미 그립니다

초로기(初老期)의 초로인생
채우지 못한 공허한 빈 가슴
메마른 낙엽으로 채워 갑니다.

능금빛 사랑

아스라이 귓전을 울리는 그대의 목소리

미움이 변하여 그리운 애상미가 되었네

새록새록 떠오르는 그대 촉촉한 눈동자

눈물이 흐를까 봐 내 눈을 살며시 감고

허물어진 하현빛 꿈길 속을 헤매봅니다.

내게로 온 아름다움 인연이여

한 알에 씨앗이 날아와
바위 밑동에 살포시 앉았네

바위는 그 씨앗을
안쓰러워 물끄러미 바라만 보았네

여긴 네가 자랄 물도 변변찮은데
여긴 언제 쏟아질지 모를 절벽인데

세찬 삭풍은 어찌 견디어 내려고
내게로 날아왔는지!

씨앗은 남풍이 가져다준 단비로
볼가심하며 앙증스런 싹을 피웠다

한 알에 씨앗은 고난의 역경을 인내하며
성목으로 무성한 잎으로 휘장을 하였네

바위는 밑동에
깊이 내린 뿌리에 의지한 체 감명했다

때로는 향기 가득한 기쁨을 주고
때로는 생기 그윽한 용기를 주고
때로는 부족한 마음을 어루만져주고
때로는 따듯한 가슴이 되어준 당신,

내게로 온 아름다운 인연의 헌신이여
가난(家難)했던 지난날 내 생에 하나인 당신

당신이란 이름 위에 몇 자 더 쓰고 싶다
당신은 길을 인도해준 나침판
정전 없는 신호등이었다고!

아내는 내면이 아름답다

여자가 가는 길보다
아내가 가는 길은 더 험난하다
아내가 가는 길은
황무지를 개간하는 것과 같다

여자의 그림자는 하나인데
아내의 그림자는 여러 개다

남편에게 하나
아이들에게 하나씩
걱정스러운 마음으로
보살피는 마음으로 뒤를 밟는다

홀로 핀 꽃은 피었다 지지만
아내가 피운 꽃은 영원히 지지도 않고
물이 없어도 시들지도 않는다

저 하늘에 반짝이는 별은
구름이 가리면 빛을 잃지만
아내의 눈빛은 장벽이 있을 땐 더 빛난다.

아내는 늘 마시는 물과 같은 존재,
아내의 가슴에선 맑은 물이 퐁퐁 솟는다
아내는 행복에 눈물을 만드는 유일한 샘이다

외면이 아름다운 것은 화분에 핀 꽃이고
내면이 아름다운 것은 아내의 마음으로 피운 꽃이다
세상에서 가장 아름다운 꽃은 아내의 가슴에 핀 꽃이다.

아내들의 상처

사노라면
언젠간 내 마음
알아줄 줄 알았는데

진달래꽃처럼
청순하고 아름답던
좋은 시절 불사르고

시집살이 힘들어도
오직 당신만 바라보며
자식들 위해 살았어요

부족함 있다 한들
군말 없는 수발 자요
한평생 정성 다한 아냅니다

옥구슬 목소리,
핏줄 터져 쉰 소리,
변조한 지 오래건만

순종한 것도 죄인가요?
일부종사한 것이 죄인가요?
조금만 부드러워질 수 없나요?
실연에 아픔을 실감해야 하나요?

제5부

가슴에 잠든 망향

가슴에 잠든 망향

고향 하늘 가슴이 저미도록 그리워 푸념해보니 눈물 속에 핀 환상

초년 시절 산천초목 풍광명미(風光明媚) 꿈에 보니 빛바랜 애상미

회색머리 삭풍에 빗어 넘기면서도 유수는 세월 이라는 걸 몰랐다

낙엽 구르는 소리 무심하였더니 그게 세월 가는 소리였을 줄이야!

고향향취

해님이
달구어 놓은 대지를
처서의 갈바람이 잠을 재우네

신혼 때 당신과 함께
걸어 보았던 그 길도
초가을 솔솔바람이었지?

시골집, 과수들
배나무, 포도나무
알알이, 주렁주렁 하겠지

달빛에 다락방,
별 하나, 별 둘, 별 셋
헤아려 보던 시골집 원두막

당신과 함께
팔베개, 이슬 맞으며
그 별 다시, 헤아려 보았으면.

망향 가

벌거벗은
감나무 가지에
덩그러니 둥지 하나
북풍에 떨고 있구나

온갖 잡풀은
고옥을 뒤덮고
썰렁한 빈집 마당
백설이 내려앉는다

허기진
까치 한 마리
쪼아대는 감 한 덩이
겨울나기 양식이런가

모두 떠난 빈집은
새앙쥐 놀이터 되고
돌아볼 수 없는 망향
까치가 돌보고 있구나!

타향의 한

조금만!
보듬어 주었으면 좋으련만

숨통을 조여 오는
소란한 도심을 떠나
한적한 시골집, 아늑한 품에
잠시 무아(無我)에 빠진다

솔바람에 실은 고향 냄새
코끝을 때리고 가슴으로 스미니
등골이 서늘한 삶의 기억들이
하나 둘 고난의 허물을
눈물에 헹굼질한다

초저녁에 뜬 보름달
옛적엔, 투명했건만
지금은!
평지풍파(平地風波)
세월 속에 찌든 때
닦을 길이 없구나

괘력(掛歷) 한 장 뜯을 때마다
긴 한숨, 허공에 뿜어댄들
콧바람에 낙엽 지는 소리,

젊었을 때 일곱 색깔 무지개 꿈
고향에 그리운 민심
한 잔 술에 녹이고파
먼 허공을 바라보니
한눈에 들어오는 밤하늘

세상 모든 것 다 변했어도
소시 적, 하나 둘 셋 넷, 세어보다
끝내,
못 헤아리고만
저 하늘에 별들만은 변한 게 없구나!

환향(還鄕)

산수(山水)의 그리움은
잠재적 염원이었으리라

환향하니 눈물겹구나
화조풍월 명경지수

가슴으로 스미는
풋풋한 솔바람 한 모금에

무아에 빠져들고
화폭을 동공에 담노라

나, 풍광명미 품에 안겨
속세의 찌든 때 툭툭 털고

언문풍월로 푸른 하늘
뜬구름, 벗 삼고 싶구나.

빛바랜 고향

꼬질꼬질한 빛바랜
흑백사진 바라보며
회상(回想)에 잠긴다

마음은 동심에 젖어
불어오는 고향의 향수가
코끝을 울린다

친근했던 죽마고우
그리운 고향 하늘 풍경에
이슬이 맺히네

구름은 유유히 흐르고
인자하신 할머니 모습
어디로 갔느냐!

망향(望鄕)

정겹던 옛 고향 옛 모습 어디메로 갔느냐

월광(月光)은 옛적 그대로 휘영청 밝은데

대대손손 이어온 가옥은 초토가 되었구나

정녕, 옛모습을 이토록 그리워하고 있었던 건

내가 아니고 너였었다는 걸 내 어찌 깨닫지 못했나!

무량억겁을 견딘 고목아! 너도 세월을 이기진 못하였구나!

고향 무정

황금빛 들판에 오곡백과, 농심은 춤을 추고

하늘 높이 뜬 구름은 오색 풍경에 취하노라

석양에, 길게 드리워진 그림자는 삶의 잔상

아련한 슬픈 추억에, 쓸어내린 그리운 눈물

술잔에 떨어진 마른 잎은 내 안에 잠이 들고

솔바람에 고향 향취, 나마저 잠들게 했노라.

회귀성 그리움

설렘이
목까지 차오른다

명절 이래야
찾아갈 곳도 없는데

고향엔
친척도 부모도 없는데

이토록
사무치게 그리웁고

몸이 저리도록
설레는 건 왜일까?

회귀성
그리움 때문일까?

잊었던 고향 향취가
기억에서 용솟음친다

한 잔 술로
허한 마음 달래려니
서러움이 가슴을 가르고

삼켰던
멸치 조각이 목을 조인다

내 고향 감나무에
둥지 튼 까치가 나를 부르듯

환영, 환청이
나를 미치게 한다

그래,
기억 더듬어 찾아가 보자!

그것이 회귀성 그리움 아닐까.

꿈에 본 시골집

초가지붕엔
박이 주렁주렁
텃밭엔
빠알간 고추가 대롱대롱

툇마루에 누워
푸른 하늘 바라보니
고추잠자리 날갯짓
팔랑팔랑 거리고

들녘에 허수아비
땡볕에 불게 타고
황금물결 갈바람에
농심(農心)은 춤을 추네!

우물 안에 뜬 저 달은
세월여류(歲月如流) 속에
구름 모자 쓴 부모님의
굵게 패인 주름을 만져주고

뻐꾸기 구슬피
허망 세월 불러보지만,
정녕, 그리움으로 설레던
고향의 참모습이 아니었던가!

귀향

신작로 비포장 길
뽀얀 먼지 걷히니
고향집 미류나무가 보인다

마을 어귀 정자나무
쭉정이 가지에 둥지 튼
까치가 요란스레 나를 반긴다

사무치게 그리웠던
고향의 흙내음, 풀내음
설레는 가슴은 이내 울먹인다

올갱이 잡고 물장구치던
주체할 수 없는 고향의 향수,
이곳에 내려놓으련다 내 등에 짐.

제6부

동시

유리병

투명한
유리병 속에
무엇이 들었을까?

아무리
들여다보아도
보이는 건 없네요

살며시
귀 기울여 보니
새근새근 소리가 들려요

아마도
우리 아기의 예쁜
마음이 들어있나 봐요.

이슬

초가지붕 위에도
장독 위에도
수많은 물방울

아무렇게나 내팽겨진
내 운동화 흠뻑 젖었네

대롱대롱
풀잎 끝에 매달린
앙증스러운
물방울
떨어질세라

크게 벌린 꽃잎 속은
커다란 물탱크

갓 잠깬
풀벌레가
목을 축이네.

웃음꽃

웃음은
아름다움의
상징이지요

음흉한 미소는
마음을
병들게 하지요

꽃처럼
고운 향기
예쁜 마음
가슴에 심어요.

슬로건

아빠의 웃음은 나라행복

엄마의 웃음은 가족행복

우리의 웃음은 부모행복.

허수아비

비가 오나
바람 부나

한낮 땡볕
밀짚모자
눌러 쓰고
늘 고마운 오빠

오빠가 있어서
아빠 마음 든든해

내가 그린 오빠 얼굴
나만 보면 싱글 벙글

오빠
힘들면 말해
외로우면 말해
나도 같이 서 있어 줄께!

봄이 왔어요

봄이 왔어요
버들강아지
동풍에 잠이 깼어요

봄이 왔어요
노랑 개나리
기지개를 켜네요

봄이 왔어요
졸졸졸 개울물
춤을 추며 흘러요

봄이 왔어요
밤새 몰래 온 세상
색동옷을 입었어요.

선이의 일기

무심코 바라본
책상 위에 달력

오늘이
엄마 생일이다

한번쯤은
기쁘게 해주고 싶다

케이크에 고깔모자
예쁜 오색 초 꽂고

얼마나 감격하실까
상상으로 흐르는 시간

집 앞에 상점
전등불이 한둘 꺼지고

초조한 마음에
엄마에게 전화해본다

엄마 언제 와?
엄마 오늘 늦어!

숙제

엄마 을사조약이 뭐야?
일본이 외교권을 빼앗기 위해

1905년 11월 17일경 강압적으로
국권 강탈을 시도한 날이란다

을사오적, 매국노
강제조약 왕을 협박하고서

나라 팔은 친일파 무리,
비통(悲慟)한 식민지 온갖 굴욕

을사년의 비참한 역사
2세기를 두고 타도한들

산산이 부서진
한민족의 풀지 못할 한

속속들이 어찌 더 밝히랴
침략자들의 만행 끊임없고

투명한 역사 왜곡
입술에 침 바르고 말하라 하니

멀쩡한 고유(固有)의 땅
동해의 돌섬 독도에 침 바른단다.

제7부

봄의 속삭임

가슴을 메우는 봄비

새벽에
기우는 반쪽 달은
나의 영혼의 넋
여울진 잔상(殘像)

밤새 달님과 속삭임을
샘이 난 재넘이가
먹구름 몰고 와
봄비를 뿌리네

바람은!
내 마음을 몰랐던지
난 봄비를 고대(苦待)했는데

인고(忍苦)의 세월
사라진 달 여운 아래로
질펀히 흐르는 눈물이여

잔 비 살포시 내려
상처 난 가슴 메우면
맑은 물 퐁퐁 솟아내는 샘이 되리라.

천복(天福)은 무병

젊음이
영원이라면
누군 죽으랴

만복(萬福)이
굴러들어와
재물이 많다 한들

유병(有病)에
시달린다면
현실은 무용지물이라

젊음을 뽐내지 마라
늘 푸른 청송도
세월에 퇴색한다

금전보다도
무병이 천복이라
건강이 우선이라네

보라,
강인한 고목은
봄이 오면 잎을 피우잖는가!

시새움

겨우네
멈추었던 이 소리는
산골짝 녹인 녹수이런가

지저귀는 산 새소리에
아지랑이 춤추고
봄내음 골바람 타고 퍼지네

산마루 쉬어가는 구름도
등성이 걸터앉은 해님도
갓 솟아난 새싹과 겨울 이야기

마루터기
올라선 심술 난 날파람
구름도 쫓고 해님도 쫓고

살짝궁 불러낸 눈썹달과
알콩달콩 밤새 소곤거리다
긴 입맞춤으로 작별을 한다.

동장군

동풍이
솔솔 불어와
버들강아지
기지개를 켜는데

어둑새벽
춘설에 덮인
꽃망울 파르라니
바르르 떨고 있고

경칩이라
튀어나온 개구리
바둑이 물그릇에
물놀이하다 얼어붙었네

는개비
흩뿌리고
영등풍에
처녀 가슴 여민다 해도

길손이
벗어놓은
저고리엔
춘양(春陽)이 소복이 내려앉는다.

화투연(花妬娟)

어찌!
이리도
서둘러 왔느냐?

꽃망울
춘설에 덮여,
오들오들 떨고 있구나

천공에서
뿌리는 눈,
오늘따라 마음이 섧구나

꽃샘아
서너 대 밤 자면
꽃길 따라오실 님

님 오실 때
활짝 피울 꽃
아니 필까 가슴 졸인다.

독백(獨白)

봉곳하고 빵빵한 것이
숫처녀의 자태이더냐?

펑퍼짐하게 살이 오른 건
노처녀의 궁둥짝이더냐?

비구니도 꽃이라 했다지?
빗장 건 가슴에도 물이 오르네

여보게
쇠퇴한 늙은 중이 중얼댄 거
음흉하다 욕하지 마시게나

내가 독백한 것은
봄의 감흥을 읊조린 것뿐일세!

기다림

님이여!
이리도 안 오시면
달래의 멍울진
가슴은 어이 합니까

천공을 보고
간곡히 빌고,
은하수에
제 마음 뿌렸습니다

수년래
오실쯤엔
제 가슴은
타버린 재가 되리요

진달래
꽃봉오리는
당신의 따듯한
훈기로 개화(開花)합니다.

제8부

내 삶이 머무는 집

眞 참치

둥글넓적 사라 위에
오색영롱한 무지개
군침 감도는 미소에
소주 한 잔 건배로다

부드럽고 은은한 향기
울긋불긋 맛깔진 색채
참을 수 없는 맛의 기억
쫄깃한 어육(魚肉) 진미
혀끝에 녹아 무아경이라

한 잔 술에 우정 쌓고
두 잔 술에 사랑 쌓고
오도로 주도로 아까미
천궁수라 부럽지 않네!

조리장 푸짐한 인심
수북이 정 담아주는
가을빛 오색 무지개
담백한 감칠맛에 유혹

언제나 훈훈한 정속에
즐겨 찾는 참치 전문점
미식가들 즐겨 찾는 이곳
바로 진 참치 집이라 하네.

⊠ 충남 천안시 두정동 소재
전번: 041-523-4036

황소고집

세월만 덧없더냐, 청춘도 덧없어라
뉘엿뉘엿 서산마루 지친 해는 노을 지고

헛헛증에 수곡도가 요란스레 울어 대니
옛정을 불러 회포(懷抱)나 풀어볼까?

구년 친구 모여 앉아 추억이 새록새록
내가 웃으니 거울도 따라 웃는구나

은은히 익어가는 불판 위에 영롱한 색채
자네도 한 잔 나도 한 잔 우정을 마신다

입 안 가득 맴도는 고량진미(膏粱珍味)
채우고 채워도 부담 없는 소문난 집

미식가들 발걸음 연일 이어지고
언제나 훈훈한 정속에 즐겨 찾는 이곳

맛은 명품 직원은 친절 주인장은 인품인데
그곳이 바로 원조의 집 황소고집이라 하네.

※ 충남 천안시 서북구 성정동 소재
전번: 041-575-4574

자생으로 피어난 야화(野花)

인쇄 2011년 6월 10일
발행 2011년 6월 20일

지은이 / 유 근 수
펴낸이 / 김 창 석
펴낸곳 / 홍익출판사

주소 / 대구시 중구 삼덕3가 245-2
전화 / 053) 421-6700, 427-3627
팩스 / 053) 423-5965
등록번호 / 1987년 11월 26일 제1-107호
E-mail / hongick88@hanmail.net

정가 10,000원

ISBN 978-89-7826-226-2 03800